Pequeñas Estrellas

Un libro de El Semillero de Crabtree

Taylor Farley y Pablo de la Vega

¡Estamos en el **campamento**!

Armemos nuestra tienda de campaña.

Podemos **explorar**.

Podemos pescar en el lago.

Hagamos una **fogata**.

Podemos **asar** unas salchichas.

Podemos asar **malvaviscos**.

Ya anocheció.

¡Encontremos la **Osa Mayor**!

Hora de ir a dormir. Metámonos a la tienda de campaña.

Glosario

asar: Cuando asas algo, lo cocinas en un horno o en una fogata muy caliente.

campamento: Un campamento es un lugar donde la gente puede colocar tiendas de campaña y pasar la noche.

explorar: Cuando exploras, te desplazas para conocer cómo es el lugar en el que estás.

fogata: Una fogata es un fuego controlado hecho por los campistas. Las fogatas los mantienen calientes y también pueden ser usadas para cocinar.

malvaviscos: Los malvaviscos son dulces redondos y suaves.

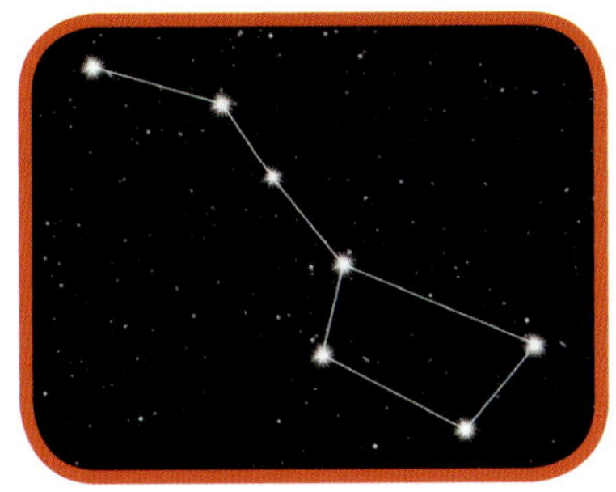

Osa Mayor: La Osa Mayor es un grupo de siete estrellas brillantes. Crean un patrón que parece un mango y un cucharón.

Índice analítico

anochecio: 16
campamento: 2
fogata: 10
malvaviscos: 15
pescar: 9
tienda de campaña: 4, 20

Apoyos de la escuela a los hogares para cuidadores y maestros

Los libros de El Semillero de Crabtree ayudan a los niños a crecer al permitirles practicar la lectura. Las siguientes son algunas preguntas de guía que ayudan a los lectores a construir sus habilidades de comprensión. Algunas posibles respuestas están incluidas.

Antes de leer:

- **¿De qué piensas que tratará este libro?** Pienso que este libro tratará de las acampadas. Quizá nos enseñe las actividades que los niños hacen en una acampada. ¡La fotografía de la tapa muestra a niños asando malvaviscos!
- **¿Qué quiero aprender sobre este tema?** Quiero saber qué cosas hay que llevar a una acampada.

Durante la lectura:

- **Me pregunto por qué...** Me pregunto por qué el cielo nocturno es azul oscuro y brillante.
- **¿Qué he aprendido hasta ahora?** Aprendí de las palabras y las fotografías que la gente debe llevar tiendas de campaña, sacos de dormir, linternas y comida.

Después de leer:

- **¿Qué detalles aprendí de este tema?** Aprendí que la gente hace muchas cosas durante una acampada. Exploran y pescan. Asan perros calientes y malvaviscos. Miran las estrellas.
- **Lee el libro de nuevo y busca las palabras del vocabulario.** Veo la palabra *campamento* en la página 2 y la palabra *asar* en la página 12. Las otras palabras del vocabulario están en las páginas 22 y 23.

Library and Archives Canada Cataloguing in Publication

Title: La acampada de las pequeñas estrellas / Taylor Farley y Pablo de la Vega.
Other titles: Little stars camping. Spanish
Names: Farley, Taylor, author. | Vega, Pablo de la, translator.
Description: Series statement: Pequeñas estrellas | Translation of: Little stars camping. | Translated by Pablo de la Vega. | "Un libro de el semillero de Crabtree". | Includes index. | Text in Spanish.
Identifiers: Canadiana (print) 20210096241 | Canadiana (ebook) 2021009625X | ISBN 9781427131591 (hardcover) | ISBN 9781427131775 (softcover) | ISBN 9781427131942 (HTML) | ISBN 9781427136121 (read-along ebook)
Subjects: LCSH: Camping—Juvenile literature.
Classification: LCC GV191.7 .F3718 2021 | DDC j796.54—dc23

Library of Congress Cataloging-in-Publication Data

CIP available at the Library of Congress

Crabtree Publishing Company
www.crabtreebooks.com 1–800–387–7650

Written by Taylor Farley
Production coordinator and Prepress technician: Samara Parent
Print coordinator: Katherine Berti
Translation to Spanish: Pablo de la Vega
Edition in Spanish: Base Tres

Print book version produced jointly with Blue Door Education in 2021

Printed in the U.S.A./022021/CG20201215

Photo credits: Cover photo © Sergey Novikov, cover art © Vlad Klok; page 2-3 © Hills Outdoors; page 4-5 © LightField Studios; page 6-7 © Monkey Business Images; page 8-9 © AlohaHawaii; page 10-11 © Soloviova Liudmyla; page 12-13 and 14-15 © Hurst Photo; page 16 © Andrey Arkusha, page 16-17 © galsand; page 18-19 © RonTech3000; page 20-21 © natalia_maroz; page 22 top photo © Tatyana Vyc; page 23 middle © Natali Zakharova All images from Shutterstock.com

Published in Canada
Crabtree Publishing
616 Welland Ave.
St. Catharines, Ontario
L2M 5V6

Published in the United States
Crabtree Publishing
347 Fifth Ave.
Suite 1402-145
New York, NY 10016

Published in the United Kingdom
Crabtree Publishing
Maritime House
Basin Road North, Hove
BN41 1WR

Published in Australia
Crabtree Publishing
Unit 3 – 5 Currumbin Court
Capalaba
QLD 4157